JN409164

지 순 시집

바다가 그리운 날

도서출판 진실한 사람들

| 시인의 말 |

살아오면서
봄 여름 가을 겨울
변화하는 자연이 주는 깊은 감동은
때로는 쓸쓸함과 그리움의 메타포(metaphor)로
진한 감성으로 밀려왔다.
사무엘 울만은 청춘이란 시에서
'청춘이란 인생의 어떤 기간이 아니라 마음의 상태를 말한다' (Youth is not a time of life - it is a state of mind)
깊은 공감으로 다가왔다.
나이가 들어도 자신이 하고저 하는 일에 뚜렷한 가치관
이상과 열정이 있는 한 마음은 늘 신선하기 마련이다.
지난 날 쓴 몇 편의 시와
잠 못 드는 밤 쓰고 또 쓴 흔적들 모아
한 권의 책으로 엮었다.
정서를 공유하는 모든 분들과
언제나 나의 힘이 되신 하나님께 감사드리며.

2023년 정월에
지 순

차 례

2부 다락방 풍경

3부 언제나 그 자리

4부 봄 여름 가을 겨울

1부

그리움의 메타포

바다가 그리운 날

수평선
검푸른 섬 푸른 바다
파도가 넘실댄다

밀려오는 파도 소리
떠나가는 뱃고동 소리
고향 바다 그리움의 소리

저녁 해 기울면
노을빛은 산마루에 걸터 앉는다

끼룩 끼루룩 갈매기 소리
그리움이 되어 다가오는 날

갈매기 울음도 등대가 되어
파도를 품어 안는다

고독

끝없는 길을
걷고 걸었다

노을진 들녘
오솔길 돌아

잔잔한 비바람에도
가슴은 조여들고

타인으로만 느껴지는
세월의 언저리에

어쩔 수 없이
인정해야 하는

불멸의 승화된 사랑이
그토록
필요했는지 모른다

노을빛 언덕

젊음은
기억의 저편으로
점점 멀어져 가고

보랏빛 꿈
무지개도 희미해 간다

시간은 천길 낭떠러지로
떨어지고

이제
노을빛 언덕에 앉아

아무 말도 할 수 없기에
스스로 인정해야 하는

어쩔 수 없는
한생의 흐름인 것을

이름 모를 새

이태 전
보랏빛 라일락이 필 무렵
베란다에 걸린 실외기는
새들의 아지트가 되었다

아침 햇살과 함께
푸르름이 상큼하게 밀려오면
이름 모를 새들이 날아와

바쁜 입놀림으로
물컵에 목을 추기며
그들만의 은어(隱語)로
조잘댄다

그러다
푸드덕 날개깃을 펴며
어디론가 오가며
반복된 아침을 맞는다

봄꽃이 무르익어 가면
어김없이 기다려지는
이름 모를 새

그리움은

실개천 따라 흐르는
은빛 물결
흔들리며 간다

미풍에 흔들리는
작은 들꽃의 여운
파르르 떨리는데

그리움은
하얀 물보라 되어
여울져 간다

흔들리는 것은
물결이 아니라

물결 속의
내 그림자였음을

허상

허허로운 벌판
갈 곳 잃은
한 점 바람이 간다

애써 접은 슬픔 한자락
가늠할 수 없는 심연은
온통 흐린 날의 멜랑콜리

애착의 연을 놓아버린
외로운 구도자의
고뇌 어린 뒷모습

신기루되어 사라지는
잡을 수 없는 허상
자꾸만 멀어져 간다

어떤 지점

석양(夕陽)에
길게 드리운
그림자 하나

아스라히
파고드는
아픈 상흔

깊이를
가늠할 수 없는
무언의 공백

오랜 세월
소리없이 묻어 둔
그리움일까…

옛 생각

오래 전 옛적
설 명절 문 닫힌 동네 상점
한산한 거리

수업이 끝난 오후
텅 빈 국민학교 운동장
은은하게 들려오던 풍금소리

오빠 생각*
뜸북 뜸북 뜸북새 논에서 울고*
뻐꾹 뻐꾹 뻐꾹새 숲에서 울 때 *

어린 마음 한구석 각인된
조금은 쓸쓸한
옛 생각에 잠겨본다

*1930년대 옛 동요

이방인(異邦人)

지하철 구석진 곳
금발의 이방인이
바이올린을 켜고 있다

어메이징 그레이스
나 같은 죄인 살리신
은혜로운 멜로디
앞에는 작은 통 하나

지극히 작은 자 하나에게 한 것이
곧 내게 한 것이니라*

낯선 땅에서
삶이란 너울을 쓰고
홀로 자신과 싸우고 있는
금발의 이국 청년

어쩌면
우리 인간이란
이 땅에 잠깐 스치는 이방인이 아닐까

*신약성경 (마태복음 25:40)

생소한 이름

어느 날 갑자기 찾아온
생소한 이름 코로나19

우리의 일상이
완전히 뒤바뀌었다

언제나 그런 줄로만 알고
살아 온 지난 날들
그 소중함을 뼈저리게 느낀다

분명한 건
또 어떤 변화가 올 것인지
미래에 대한 불확실성이다

이 잿빛 현실이
다시 한번 깊은 생각에 잠기게 한다

삶의 최우선 순위는 무엇이며
어떻게 준비해야 할 것인가

성경 말씀 묵상(默想)하며
그 해답을 골똘히 고민해 본다

가 슴

물길이 흔들릴 때
송사리떼 흔들린다

드넓은 들판
춤추는 6월의 청보리

계절을 잊은 코스모스
조용히 흔들리며 간다

불의를 향한 분노
말없이 짓누르는 아픔이 살아가는

바람으로
불길로
그러다 잿가루가 되기도 한다

가슴은 내가 살아야 할
존재의 이유인 것을

나그네

흐르는 마음 따라
무작정 나선 길

이끌리듯 열차에
한 발을 올려 놓았네

점점 빠르게
달아나듯 달려가고
또 그렇게 달려간다

가다가 멈춘 곳
쓸쓸한 간이역

마주하는 하늘가
스치는 바람

언제나 그러하듯
상념으로 점철된
한점 떠도는 구름인 것을

친구야

하늘이 저다지도 예쁘지

파란 하늘 미소 보다 다정한
네 얼굴이 떠오른다

하늘이 눈부신 푸른 오월이면
배꽃 잔치가 열리던
우리가 사랑했던
그 배꽃 동산이 그립다

온통 푸르름으로 물들었던
청순한 젊음
무엇이 우리를 웃게 했는지
그렇게 잘 웃었지

지금도 피고 있을까
그 본관 앞 보랏빛 라일락 향기
아름다운 지성을 품은 젊음의 캠퍼스

무지갯빛 청춘 이야기
푸른 오월의 창공을 날아
우린 아름답게 익어가고 있다

단상(斷想) · 1

부드러운 듯 단단하고
따뜻한 듯 냉담한

너그러운 듯 편협하고
흔들릴 듯 움직이지 않는

용이주도한 무서움
완벽한 이기주의

완전한 듯
불완전한

한 그루 외로운 나무

단상(斷想) · 2

침묵하는 자
왜곡하고
잔말을 만드는 자들

누가 누구를 알아
정결한 자
깊은 마음의 골을 만들고

작은 뉘우침도 없는
참으로 오만한 자들이여
두렵지도 않은가

바리새인들의 속내를 가진 자들이여*
이 생이 끝이 아님을

*신약성경 (마태복음 23)

기도

아침에 눈 떴을 때
잠자리에 들 때
당신의 사랑을 기억하며
감사의 기도를 드리게 하소서

대적하는 자
상처주는 자
용서할 수 있는 큰 마음을 주시며
사랑할 수 있는 마음을 갖게 하소서

내 안에 당신의 마음을 품게 하시며
남을 낫게 여기며
긍휼히 여기는 마음을 갖게 하소서

무가치한 일에 마음 쓰지 않으며
항상 깨어 있어 기도하며
준비하는 삶을 살게 하소서

비움

단순한 것이 좋다

불편한 것
무거운 것

헛되고 헛된
부질없는 것들

마음 잡초 뽑아 버리고
움켜 쥔 세상
다 내려놓고 보니

카타르시스
이렇게 홀가분한 것을

한무리의 사람들

한무리의 사람들이 웅성거린다
그 누군가를 향해 비양거린다

모두 하나같이 의인들이다
한결같이 다 잘난 사람들

온통 나르시시즘에 빠진 자들
못난 사람 한 명도 없다

그 누군가를 폄하(貶下)하는 자들은
제 눈의 들보는 보이지 않는가

상대의 작은 티끌만 보이는
온통 교만으로 배 부른 자들

이 세상 어느 누구도 예외없이
자기 성찰이 필요한 자들이 아닐가

의인은 없나니 하나도 없나니*
마음 깊이 묵상해 본다

*신약성경 (로마서 3:10)

사랑하는 마음

사랑하는 마음은 천국

사랑하는 마음은 사람 살리는 생명수

사랑하는 마음은 사람 살리는 알곡

사랑하는 마음은 늘푸른 상록수

말 없는 아이

아이는 다 알고 있다

누군가 눈을 흘겨도
싫은 소리를 해도
좀처럼 내색을 안 한다

자존감이 높은 아이
다툼을 혐오한다

아이는 평화를 사랑한다

아이의 마음 안에
온 우주가 있다

꿈이 있는 아이
해맑은 모습이다

젊은 건축가
-미완의 꿈

그는 꿈이 있었다
멋을 추구하는 자였다

자신이 계획하고 구상하는
미래의 청사진이 있었다

그는 말했었다
세상에서 가장 높은 빌딩을
설계하는 게 자신의 꿈이라고

그리고
노을진 황혼이 오면
조용한 전원생활을 하겠다고

힘들고 빈약한 자들에겐
남몰래 힘이 되어 주었던
진정한 휴머니스트

그의 늘푸른 미완의 꿈은
영원히 살아 숨 쉬고 있다

헛소문

독한 시기심 질투
나쁜 심보에서 나온 말

날개 달고 부풀려
산 넘고 물 건너 멀리
휘젓고 돌고 돈다

허구로 만들어 놀린 세치 혀
무고한 자 죽인다

남을 망치려고
거짓으로 내뱉은 말
결국 자신을 망친다

선한 양심도 사랑도 없는
못된 루머, 헛것일 뿐이다

2부

다락방 풍경

노을

언덕 위
노을빛 창가에서
사색하던 젊음이 있었다

나만의 자리에서
늘상 꿈꾸던
노을빛 낭만도 있었다

슬프도록 아름답던
그 노을은
세월의 흐름도 잊은 채

지금도 가슴을
맴돌고 있다

다락방 풍경

소녀 시절
먼 이국을 동경하던
지붕 밑 다락방
내 꿈의 산실(産室)이었다

모디리아니의 머리 긴 소녀의 그림
가을의
잎새에 시(詩)를 써 넣고

솔베이지의 노래와
시몬을 사랑한 렌의 애가
고뇌하던 톨스토이가 살아 있었다

유난히 수줍음을 타던
말이 없던
청순무구의 소녀 시절

세월의 무게에 짓눌린 지금도
희미한 미소가 번지는
그리운 다락방 풍경

중랑천

중랑천 다리목에서
만나고 헤어지는 물결을 본다

보폭을 넓히며
건강을 과시하며
위를 향해
올라가는 물그림자

챙이 긴 모자를 쓴 아낙들
눈만 내어놓고
엉덩이를 흔들며 잘도 걷는다

가장자리엔
예쁜 꽃들이
저마다의 자태를 뽐내며
하늘을 품어 안고 있다

가슴마다 별꽃을 심으며
가고 오는 자리마다
만나고 떠나 보내는 중랑천

빈 둥지

어미 제비
새끼 제비 넷 품고
오밀조밀 살았다

거친 폭풍
세찬 비바람에도

새끼 제비
반듯하게 자라
제 둥지 찾아가고

빈 둥지
어미 제비
옛 생각 파고든다

더 사랑하고
더 잘 해 주지 못한
가슴 못이 되어 아린다

석양

석양이
산 언덕에 고뇌하며
걸터 앉았다

가슴 한켠 자리한
그 석양은
찬란한 날들의
시간을 움켜쥔 것이 아니다

다만
동그란 웅덩이 속 맴돌고 있는
지난날의 그리움 때문이다

지평선

지난날
작은 예배당이 있는
언덕에서

빗나간 선택의
회한으로 점철된 날들을

먼 지평선 바라보며
마음 한자락 달래곤 했다

하늘과 땅이 맞닿은 곳
어떤 삶이 공존하며
어떻게 살아가고 있을까

낮과 밤은
아무 일도 없는 듯
또 그렇게 흘러만 갔다

지평선은 말없이 침묵했고
내게 인내를 심어 주었다

빈집

외진 곳
낡은 빈집 한 채

시간이 정지된 듯
인적없는
적막이 흐른다

흙 마당엔
풀들이 무성하고
작은 풀꽃들이 피어있는 집

그래도 다행이다
거두는 이 없고
보아 주는 이 없어도

피고 지는 풀꽃이 있어
덜 외로운 빈집

종소리

예배당 종소리
평온이다

때묻지 않은
태고의 모습으로
밀려온다

바람을 안고
나래에 실어
허공을 날아 오른다

소망을 안겨주는
진리의 종소리는
부서지며 깨어지며
하늘길 오른다

아침

아침은
감사할 수 있는 마음의 선물이다

눈뜨고
일어나게 해 주심에 감사
손과 발이 움직임에 감사드린다

맑은 마음 비춰 주심에 감사
부요한 마음 주심에 감사드린다

혼자이며 혼자가 아닌
먼 곳에 있는 듯 내 안에 계신 당신
언제나 함께해 주심에 감사드린다

감사가 풍성한 아침
영감으로 다가오는 축복이어라

감사는 회개의 눈물이며
마음을 드리는 기도이다

세월

시간은 흐르고
마음은 조여들고

깊은 곳 어디선가
진한 회한이 전해온다

다가가
가지 말라고 붙잡아도
떠나가는

소리 없이 쫓기듯
멀어져만 가는 뒷모습

못다 한
여운도 아쉬움도 남겨둔 채
또 이렇게 흘러가야만 하는 건가

이른 새벽

고요가 밀려오는
이른 새벽

창문을 열어
눈을 감고 깊게 숨을 쉬어본다

멀리 보이는
빤짝이는 십자가
날 감싸주는 이 평온함

내 영혼의 날개 위에
투명하게 하늘거리는 옷깃으로
높은 하늘가 끝자락 날아가보리라

나만의 성스러운 이 순간이
오래 함께하기를 간절히 소망해 본다

도시의 일몰

도시는
온종일 돌고 도는 바퀴

동쪽에서 서쪽으로
남에서 다시 동으로

주어진 삶을
살아내기 위한 몸부림

높은 빌딩 안에서의 머리 회전도
달리는 찻길 위에서의 손놀림도
살아 있다는 움직임

앞만 보고 가다 보면
눈 깜짝할 사이 일몰이 찾아든다

스멀스멀 사라지는 것들
일상을 접고 바라본다

하루가 간다는 것
일몰은 또 다른 사색에 잠기는 것이다

시골 풍경

아름다운 동산이 있는
시골의 여름 아침
풀숲을 헤치며 걸었다

안개꽃 들꽃
산도라지 꽃
산나리꽃이 피어 있다

무성한 풀숲에서
들려오는 풀벌레 소리
메뚜기 풀떡 뛰는 소리

저녁이면
하얀 연기 피어오르고
이 집 저 집
호박잎 찌는 냄새

정겨워라
평화로운 시골 풍경
한폭의 그림으로
마음 깊이 자리 잡고 있다

복사꽃 마을

4월이 익어가면
복사꽃 마을
꽃몽우리 한껏 부풀어
연분홍빛으로 물들인다

앞산도
뒷산도
개울물도 물들고

수줍은 아낙도
하얀 삽살이도
두 볼이 연분홍빛이 된다

꽃망울 피고 진
탐스러운 자리마다
함박 웃음꽃 피어난다

바보 폰

까톡까톡 울리는 세상이다

구순을 훌쩍 넘긴
어느 노을 진 인생

온종일 한번 울리지 않는
바보 폰
없애버리겠다고 역정이다

주위에 하나둘 가고
세상은 낡음에 관심 없다

그러니 어쩌겠어
흐르는 세월에 맞추어
물처럼 살아야지

산골 마을

산세 아늑한
고요한 산골 마을

진달래 복사꽃 피고
산나물 돌나물이
지천으로 나는 곳

바람 소리 물소리 새소리
다람쥐 도토리 입에 물고
사랑으로 반겨준다

욕심 없고 시샘 없는
평화롭고 마음 편안한 곳

은은한 솔잎 향
아카시아 꽃향기 품어주는
햇살 고운 소박한 마을

내 마음속 꿈꾸는
눈 이슬 맺히도록 정겨운 곳
산골 마을

그 골목 풍경

풍경 하나
어린 시절 내 기억 속
하늘가 언저리 골목 하나 산다

봄
빨간 넝쿨장미 끌고 올라
그 골목 울타리 되어 주었네

푸른 하늘 솜털 구름도
노랑나비 흰나비도

맑은 마음
사랑 하나
스치는 미풍에 설레임으로 움트고 있었네

눈 감으면 꿈처럼 다가오는 풋풋함
혼자만의 아름다운 그 골목 풍경 속
나는 살고 있었다

돌다리

버들치 뛰어노는
맑은 냇물 속
세모 네모 동그란
작은 돌다리

아침 물안개 저 너머
무지개 잡으러
뛰어갔다
상심(傷心)한 채
돌아오던 날

돌다리는
나직이 도닥여 주었지

이제야 알았네
햇살에 빤짝이는
청순한 날의 꿈인 줄

작은 뜨락

잔잔한 사랑이
소박하게 피어나는
작은 뜨락

무지갯빛 하늘 꽃
작은 데이지꽃
몽실몽실 모여 산다

때로는 웃음으로
때로는 아픔으로
하얀 순백의 사랑으로
피어오른다

도란도란
옛이야기 밤을 지새며
푸른 꿈 가꾸며 살아간다

어디에도 없는
평화로운 안식처
나의 작은 뜨락

새의 울음소리 찾아

어디론가 홀연히 사라진
이태 전 그 새 울음소리 들린다

나뭇가지와 나뭇가지를 옮겨가는
두 발을 모으고 앉아 울음 우는 그 새

봄꽃이 무르익어 가면
기다려지는
나는 그 새를 찾아
가지를 오르다
휙
휙
돌멩이를 던져 죽였다

사라진 그 새 울음소리
나뭇가지와 가지로 옮겨 앉는
그 새
울음소리 들린다

도랑물

어릴 적
내 기억 속 집 앞
도랑물이 흐르고 있다

여름날 오후
그 맑은 물에 개구리
한가로이 뛰놀고

햇살에 빤짝빤짝
바람이 일면
춤을 추는 듯 했다

정겹던 도랑물 소리
쉼 없이 조잘대며
강으로 바다로 흘러 갔어라

서녘 하늘 지는 석양
한생이
그렇게 반추해 간다

광야

발길 닿는 곳
눈길 가는 곳
황량한 벌판

밤하늘
숨어버린 별 숲

끝이 안 보이는
긴 고난의 터널 끝

따사로운 봄 햇살로
감싸주는
당신의 놀라운 사랑

뜨거운 만남의
축복이었습니다

비로소 알게 된
당신의 뜻이였음을…

3부

언제나 그 자리

열꽃

온통 봄꽃 세상이야
방방곡곡 터지는 함성
아카시아 꽃이 아프게 피는 삶의 환승역

피고 진다
꽃이 아프게 피고 지는 꽃가지
멍이 되어 터지는 꽃잎

뿌리 더 실한 곁가지를 매달기 위해
열꽃이 지고 핀다

자갈길을 가는 물새도
한밤 내 아카시아 꽃잎을 매달기 위해
물길을 가르며 간다

여린 나무

눈을 떴다
온 들판이 하얗다

따뜻이 품어 주던
큰 나무가 사라졌다

아무도 모른다
멈추어 버린 모든 것

돌아오지 않는 메아리
부르다 입을 다문다

묵묵히 홀로 선 여린 나무

침묵으로 주위를 바라보는
날들이 오래도록 쌓여갔다

치자꽃

옛 고향집 6월의 앞마당
순백의 사랑 담아
소담스레 핀 하얀 치자꽃

치자 향 짙어지면
아~ 소리 절로 나오는
하나뿐인 치자꽃 향기

상기한 얼굴
보고 보고 또 본다

보슬비 내리면
물방울 진주 몽실몽실
전설처럼 신비롭다

치자꽃은
돌아가고픈 나의 고향
그리움이 하얗게 여울져 간다

물새 한 마리

늘 홀로 서 있는
하얀 물새 한 마리

벌레 하나 입에 물고
멍하니 먼 산 바라본다

천지가 봄꽃이야
개나리 진달래가
널 부르고 있다

꽃들과 함께
환하게 밝게 웃으며
이 봄을 사랑해 봐

마음 문 활짝 열면
행복해질 거야
살 만한 세상이거든

바다

해풍에 밀려
하얗게 부서지는
파도 내음

갈매기 소리와 함께
수평선 너머
희미하게 떠나가는
뱃고동 소리

아-
바다는 오늘도
수많은 상처 안고
슬픈 연가 부르며

출렁이는 것은
떠나간 것들을
보내지 못한
슬픔 때문이다

접시꽃

접시꽃은
어린 날의 추억

유년의 뜰안
이슬 영롱한
맑은 아침
키 큰 장다리 접시꽃

빨간 꽃잎 따다
코에 붙이고
꼬꼬댁 장닭 울음소리
천진하게 웃었다

추억은 실체가 없는
냇물에 실려 강으로
강물에 실려 바다로 간다

마음 문 열어 날아가고파
어린 날의 그 여름 꽃밭으로

담쟁이 덩굴

외딴집 토담
담쟁이 덩굴 뒤덮고 있다

겨울엔 죽은 듯
봄에는 푸릇푸릇
여름엔 파릇파릇
가을이 되면 붉게 물든다

텅 빈 방
외로워하지 말라고
호락호락하지 않은 담벼락
두려워하지 말라고

은근과 끈기로
사랑으로 따뜻이 감싸며
주어진 소명을 다한다

오솔길

푸른 숲속
끝없는 오솔길

초록빛 향기
가슴 가득

보랏빛 제비꽃
어여쁜 모습

맑은 새소리
푸드득 날고

눈을 들어
하늘 끝 바라본다

언제나 그 자리
외로운 눈빛 하나
침묵으로 다가오는

그 길은
그리움인가 보다

장다리꽃

가을걷이 끝난 텃밭
버려진 무 배추

한겨울 죽은 듯
새봄 꽃대 장다리
높이 올려
씨앗을 품는 꽃

노란 배추 장다리꽃
연보라 무 장다리꽃
노랑나비 흰나비 날아
텃밭 낙원 만든다

겨우내 언 땅 헤치고
살아난 강인한 생명력
두 발 힘 주며
흙을 품어 안고 산다

봉선화

한적한 산사의 뜰
돌담길 외진 곳
뒤뜰 장독대 옆
외롭게 핀 봉선화

화려함보다
드러냄보다
수수함이 더 좋아
수줍게 피는 꽃

꽃잎 찧어 고운 마음
사랑으로 아름답게
물들여 주는 꽃

봉선화는 소박한
사랑의 마음을 담고 있다

넝쿨장미

하늘이 맑고 푸른
싱그러운 5월

아치형 울타리 수놓은
빨간 넝쿨장미
어찌 그리도 예쁜지

송이송이 서로 어울려
아름다움을 뽐내며
미소 짓는다

너를 마주하면
모든 것 다 잊어버리고
그저 바라만 본다

그렇게 반나절이 가고
또 한나절이 훌쩍 가고 오는

내 마음 한 켠 자리한
청순한 사랑인가 보다

달맞이꽃

밤에만 피는 꽃
달 뜨면 피는 꽃

이른 새벽 겨우 견디다
낮에는 숨 죽여 죽는다

오늘 밤 꽃 피면
내일은 죽는 꽃

홀로 피어
가여운 꽃

누굴 못 잊어
그리도 사연이 슬픈가

끊을 듯 이어가는
짧은 생애가 애절하다

홀로 핀 제비꽃

이름 없는 무덤가
제비꽃 한송이

찬서리 소슬한 바람
비껴 간 자리

동그랗게
홀로 피고 지는
가녀린 제비꽃

이 봄
그 자리 지키며
홀로 피어 있는

제비꽃
또 한번의 열망인가 보다

노란 후리지아

젊은 날
후리지아 한아름 안고
미소 짓던 시절

청순한 젊음의 상징
가슴 설레게 하는
순결하고 사랑스러운 꽃

내 마음속 자리한 것
하늘 별빛 되어
눈부시게 빛난다

젊음의 독백도
노을진 황혼에 선 지금
노란 후리지아에
열광하는 것은
사랑하는 마음 때문이다

동강이 그리워

동강이 그리워
강을 바라보며 핀 할미꽃

절벽 바위 틈에
하늘을 바라보며 섰다

허리 곧게 핀
꿋꿋한 할미꽃

시대에 걸맞은
의지로 살아가는
젊은 할미꽃

허리 굽은 시니어
힘내라고 무언의 교훈으로
피어있는 동강 할미꽃

초승달

서늘한 바람이
옷깃을 스친다

빛바랜 하늘 언저리
고고(孤高)한 나뭇가지
눈길을 주어 본다

실눈 같은 초승달
수줍은 마음
감추인 채

채우지 못한다
안타까움에
가슴 저려 운다

흘러가는 구름

차 한 잔에
여유로움을 느끼며
작은 창가에
눈길 머문다

맑고 푸른 하늘
하얀 솜털 구름

언제까지나
함께 하고픈 마음
모르는 채
흘러가는
변화무쌍함이여

서녘 하늘 길
돌아서 가는
너는 기다림인 것을

피할 수 없는
너의 정체성이라면
고이 보내 주리라

부엉이

한밤
부엉이 눈동자

깊은 심연(沈淵)
빠져 든다

보이는 것
보이지 않는 것

만물이 잠든 밤
수정같은 맑은 샘물 찾아

기도로
새날을 준비하며
불면의 밤을 지샌다

허수아비

펄럭이는 장식 달고
분장한 피에로

황금 들판 바라보며
이리저리
춤추는 어릿광대

땀으로 일군 알곡 지키려
꾸욱 다문 입술
두 눈 부릅뜬 곡예사

주어진 소명
묵묵히 지켜내는
고마운 수호천사

안개비를 맞으며

속삭이듯
떨어지는 빗소리
산등성이엔
자욱한 안개

이렇게
안개비가 내리는 날이면
한적한 시골 들길을 걷고 싶다

졸졸 흐르는 냇물
풀벌레들의 합창
초록의 풀내음

안개비를 맞으며
끝없는 노스탤지어에 젖어든다

4부

봄 여름 가을 겨울

봄을 기다리며

겨울이 깊어갈수록
먼 산 아지랑이 아른거린다

한겨울 속 봄을 소망하는
버들강아지
갯버들 목련으로 봄을 본다

버드나무에 새순이 돋아나고
실가지에 봄빛이 오르면
겨울은 저편으로 돌아선다

햇살 밝은
버드나무 길 따라
힘껏 달려가 껴안아 줄 거야

꿈

새벽 찬 공기
이름 모를 새 한 마리
날 부른다

살며시 눈 감고
깊은 숨 쉬어 본다

풋풋한 풀내음
울긋불긋 꽃향기
봄이 오고 있다

아무것도 인정하고 싶지 않은
황량한 벌판
설레임으로 다가오는
너의 정체성
지금도 느낄 수 있기에

내 청순한 꿈은 아직도
살아 숨 쉬고 있나 보다

봄비

창밖엔
봄의 화신이
가냘픈 날갯짓으로
대지를 적시고 있다

도시의 저녁
고독보다 더 짙은 우수
대답 없는 너에게
발길 머문다

모든 것 외면한 채
좁은 길 걸어가는
외로운 투혼

오늘은
적막보다 고요한
너의 나래에 기대어
한없이 젖어 보고 싶다

회상

상념에 잠겨본다

봄이 움트는 길목에서
가슴 설레이던 기억들

세월의 흐름은
또 몇 번의 봄이 흘러가고
봄 햇살로 돌아오는가

피어날 꽃가지에 매달린 것들이
씨앗되어 알알이 맺힌다

개나리 진달래 목련
눈이 시리도록
아름다운 계절

봄, 사랑스런 향기
바람결에 실려온다

초여름

뜨거운 태양이
강하게 색감을 드러낸다

화사하게 웃고 있는
접시꽃이 정겨웁다

풀숲 속
잠자리 무당벌레가
푸른 풀잎에 앉아 쉬는

초록이 머무는
초여름의 풀숲도 들판도
온통 초록빛으로 물든다

푸르름이
가슴을 맴돌면
그리움이 밀려온다

유월의 산책길

여름을 향해 달려가는
유월의 산책길

하늘거리는 억새풀
소리없는 함성으로
은빛 물결 이루고

양귀비 안개꽃
어깨동무 하며
밀어주고 당겨주며 하나되어
길을 만들어 주고 있다

푸르름이
짙어가는 길은
풀잎 사이로 만들며 간다

오고 가는 길손들의
뒷모습에서
정화되는 마음을 읽으며

내 마음 한조각 따다 얹어본다

여름 아침에

밤새
장대비가 지나간
아침 공기가 싱그럽다

하늘은 가을을 닮은 듯
높고 푸르고

푸른 하늘은 수를 놓은 듯
흰 구름이 조화롭다

길섶 초록 향기 솔솔
풀잎 나비 나풀나풀

해바라기 구름 끝 걸려 있고
매미소리 나무 잎새 춤춘다

불쑥 가을이 마음 한 켠
밀려 오는 건 무슨 이유일까

장대비가 지나간
아침 공기가 싱그럽다

비 오는 날

비 내리는 아침
커피 한잔은
기도하는 마음

비가 오면
내가 모르던 비 냄새
흙냄새 바람 냄새

비에 젖은 풀잎 냄새가
나를 깨우는 시간

비 온 뒤 나뭇잎은
초록빛을 더 발산한다

바람도 싱그러운 오늘 저녁은
어쩐지 잔잔한 행복이 밀려오는 느낌

초록의 상큼한 비가 배달해 준
은은한 커피 향 때문일까

가을바람

차창에 날아온 낙엽
무심코 바라보니
이정표가 없다

마음 둘 곳
갈 길 찾아
다시 바라보니
막차 시간표도 없다

막차가 출발하기까지
얼마나 남았을까

가을바람 지나면
생(生)의
마지막 겨울바람이 몰려오겠지

가을이 오면

빨강 노랑 주황으로
채색된
불타는 단풍

진통으로
몸부림치는

잎새들의
익어가는 변신은 순환의 바퀴

가을은 그렇게
천지를 덧칠하고
끝내 새 옷으로 갈아 입는다

또 얼마나 많은 상념에 젖어
가슴앓이를 하게 될까

서곡

여름 냇가 버드나무
쓰르름 쓰르름
매미 울음이 길어진다

태양은 목덜미를
따갑게 짓누르며
탱자나무 울타리 위로
푸른 하늘 두둥실 흰구름
가을빛이 맑게 펴진다

천지를
물감으로 휘저어 놓을
물결이 서서히 넘실댄다

어디선가
서늘한 갈바람 소리
귓전을 스친다

가을 연가

거반(半) 십수 년은 족히 지났나 보다

도시 근교에 살고 있는 그녀를 내가 찾았던 때가
처서도 지난 9월이 시작될 무렵

시외버스를 타고 차창 밖 푸른 풍경을 꿈속처럼 바라보며
미풍처럼 부드럽게 다가오는 감동을 마음 가득 담고
어느 한적한 정류장에 발을 내려놓았다

동네 어귀엔 그림같은 키 큰 나무 한 그루가 있었고
매미는 여름 끝자락을 붙들고 목청껏 노래를 불렀다

걷는 길은 부드러운 흙으로 다져져 있었고
태양은 내 목덜미를 따갑게 짓눌렀고
아련한 향수같은 짙은 목가적 풍경이 펼쳐지고 있었다

그녀는 그저 담담하게 날 맞아주었고
다듬지 않은 모습에서 삶의 흔적을 가늠할 수 있었다

굳은 나무의 모습으로 내게 각인된 건
허공을 향한 그녀의 회한같은 넋두리의 무게였다

지난 어느 날 너무도 오랜 만에
청순한 날의 그리던 한 사람의 전화를 받고
그녀는 멋도 없이 무공해로 한참 쏘아붙였다고 한다

한마디 반응도 없는 적막이 흐른 뒤
다시 돌아갈 수 없는 혼자만의 자리로 돌아온
철 지난 가슴에 아픈 비가 한동안 내렸다고 한다

해는 뉘엿이 기울기 시작하고
어디선가 서늘한 갈바람이 내 빛바랜 머리카락에 불어오고
돌아오는 길은 가을이 저만치 날 마중하고 있었다

짧은 만남 긴 여운

높푸른 하늘가
그리움 밀려오고

잔잔한 억새풀
쓸쓸함 흐르네

퇴색해 버린 들판
마른 풀 향기
스산한 바람
우수에 잠기네

가을
그 짧은 만남
긴 여운
사랑의 시어(詩語)
가슴에 묻고
끝없는 상념에
젖어든다

구월은 가고

시골 버스 정류장
갈색 먼지 쌓인
빈 의자들만 서성인다

적막은
사람이 그리운 기다림이다

들판엔
황금빛 알곡들
하늘엔
구름 한 조각 걸려 있다

이름 모를 들꽃
가을이 가득할수록
옷을 벗어야 떠날 수 있는 길

구월이 돌아앉아도
더 멋진
시월의 가을이 오는 것을

가을앓이

가을 물든
잎새 찾아 나선다

가을색으로 채색된
아름다운 단풍
밀물처럼 쏴 밀려온다

깊고 시린 가을
마른 잎새
가슴에 떨어져 흩날린다

낙엽이 쓸고 간 자리
말없이 서 있는
여린 나목(裸木)

먼 후일
말하리라
그때 알 수 없는 아픔이었노라고

가을비

세월의 무게에 짓눌린
어깨 위로
가을비가 내려 앉는다

가을이
눈물방울 되어
흩날리는 날

낙엽 밟는 소리가
슬픈 것은
언젠가 떠나야 할 걸
알기 때문이다

가을비는
그렇게 제 가슴을 껴안고
흔들리며 홀로 간다

낙엽

가을 끝자락
유채색 잎새들이
우수수 쏟아진다

찬란한 날들을
뒤로 한 채
갈 곳 찾아
이리저리 헤맨다

돌이킬 수 없는
마지막 몸부림
소리 없는 울부짖음으로

메마른 대지를 향해
사랑의 자양분으로
소생하는 열망으로 간다

겨울나무

홀로 선 한 그루 마른 나무

비바람에 휘청거리고
세찬 눈보라에 흔들려도
그런대로 견딜만 했다

천지를 다 둘러 보아도
텅 빈 들판

초록 숲 풀잎 향기
달려 가고픈
푸르른 날들

저녁이 되고 밤이 오고
시간이 절벽으로 떨어져도

눈부신 하늘 소망 있기에
마음은 더없이 평온하다

홍시

옆집 감나무
겨울 홍시가 많이도 달렸다

직박구리와 참새가
풍년을 맞았는지
날아와 마음껏 쪼아 먹고 있다

감나무 집 주인은 먼 길을 떠났는지
아니면
겨울새들에게 배려하는 마음인지

살아내기 위해
움직이는 모든 것들은 눈물겹다

새들도
하물며 사람이랴

이 세상 곳곳
한겨울 굶주림에 떨고 있는 자들에게
따스한 사랑의 양식인가 보다

긴 기다림

잿빛으로 물들이는
침묵이다

홀로코스트에 살아 남은 자들
한마디 대항도 없이 십자가를 지신
청년 예수

하늘은 울부짖었다

어두운 긴 터널
터널 끝 소망이 있었다

봄을 품은
겨울은 긴 기다림이다

겨울 바다

에메랄드 빛 바다
겨울 햇살에
흔들리는 물결

차가운 바람
적막이 흐른다

외로운 등대
정박한 어선들

쓸쓸하다
밀려오는 파도소리에
흐느끼는

물질 절대 고독 속 몸부림
겨울 바다는
늘 사무치는 그리움이 있다

| 발 문 |

바다로 가슴 열린 그리움
— 지 순 시집, 같이 기뻐하며

申 廣 浩
문예비전 편집실에서

아름다운 문학, 그늘집에 고이 간직해 온 84편의 詩, 시집 출간을 진심으로 축하하고, 여러분과 함께 좋은 선물로 읽는다.

시집 《바다가 그리운 날》을 펼쳐보면 문학적 감수성이 타고났다고 느껴지는데, 지 순 시인이 밝히고 있듯이 많은 노경에도 불구하고 평생학습의 장에서 진지하게 문학도의 길에 매진하고 있어 부러우며 조심스레 만나본다.

수평선
검푸른 섬 푸른 바다
파도가 넘실댄다

밀려오는 파도 소리

떠나가는 뱃고동 소리
고향바다 그리움의 소리

저녁 해 기울면
노을빛은 산마루에 걸터 앉는다

끼룩 끼루룩 갈매기 소리
그리움이 되어 다가오는 날

갈매기 울음도 등대가 되어
파도를 품어 안는다
-〈바다가 그리운 날〉

바다를 고향으로 둔 시인은 그리움의 메타포 역시 바다에 두었다. 늘 바다가, 바다의 소리가 그리움의 기저에 머물러 있다해도 과언이 아니다. 이제 인생의 '노을빛 산마루에 걸터 앉'아 바다의 소리, 고향의 소리를 듣는다. '끼룩 끼루룩 갈매기 소리'를 그리움의 소리로 듣는다. '바다가 그리운 날'들은 그의 사는 날들의 시간을 그렇게 채워주고 있었던 것이다.

문예비전 문인회(회장 이충우) 모임에 문예비전 김주안 작가(편집국장)의 주선으로 참가하면서 지 순 회원의 순수하며 열성적인 분임을 알았다.

2021년 7월 작품을 읽어 보았다. 추천의 글에 신인 추천 심사 소감을 적는다.

문예비전 119호에 지 순 씨의 추천 응모작품 중에서 몇 편을 선정하였다. 훌륭한 시인의 등림을 축하하며 정진을 기대한다. 신인 작품상 추천 응모 작품을 반가운 마음으로 감상하였다. 평생 학습 시대를 우리는 걷고 있다. 여기 배우고 가르침이 다같이 참다운 자세로 꽃다운 시간을 느껴본다. 시인의 임무는 사물에 꿈을 부여하는 일이라 말해왔다.

지 순 씨의 詩 〈웅덩이〉〈새의 울음소리 찾아〉〈부엉이 시계〉〈이방인〉〈물새〉 등 5편을 추천 당선작으로 내보낸다.

봄꽃이 무르익어 가면/ 기다려지는/ 나는 그 새를 찾아/ 가지를 오르다… …사라진 그 새 울음소리… 울음소리 들린다

-〈새의 울음소리 찾아〉 일부

돌아보는 그리움, 뉘우침, 또는 반성이라 할까. 〈하략〉

추천 당선된 지 순 씨는 시를 통하여 언어에 대한 신차원의 인식에 도달하고 대성하길 바라마지 않는다.

심사위원 : 신광호(글) · 이명혜 · 경현수 · 서봉석

당선소감을 읽어본다.

등단의 기쁨을 감사로/ 지 순

살아오면서 제일 반가운 소식이라고 감히 말씀드리고 싶습니다. 지난 날 누군가에 의해 선택된 나의 전공이 잿빛 하늘이었다면 이제 내가 좋아하고 원하는 푸른 하늘로 바꾸려 합니다.

"뜻 있는 곳에 길이 있다"

문학을 매우 사랑한 한 소녀가 이루지 못한 그 푸른 꿈을 지금부터라도 피워 보려 합니다. 아주 작지만 사랑과 격려로 함께해 주시면 감사하겠습니다.

끝으로 나의 힘이 되어 주신 하나님께 감사드리며 그동안 여러모로 애써 주신 시인 이명혜 선생님과 문예비전 심사위원님들께 진심어린 감사를 드립니다.

지 순 시집 《바다가 그리운 날》 원고를 읽으면서 다음 시편들이 눈에 다가왔다.

1. 〈바다가 그리운 날〉 〈가슴〉 〈이방인〉 〈생소한 이름〉 〈나그네〉 〈친구야〉 〈기도〉 〈한무리의 사람들〉 〈사랑하는 마음〉 〈젊은 건축가〉 〈말 없는 아이〉 2. 〈지평선〉 〈아침〉 〈빈집〉 〈세월〉 〈이른 새벽〉 〈광야〉 〈새의 울음소리 찾아〉 3. 〈오솔길〉 〈노란 후리지아〉 〈허수아비〉 4. 〈봄비〉 〈비 오는 날〉 〈가을 연가〉 〈구월은 가고〉 〈겨울 바다〉

인생의 노을빛 언덕에 앉은 시인은 자신의 살아온 흔적들을 되돌아보며 관계된 모든 것들을 그리움의 대상으로 삼고 있다. 고향 바다를 시작하여 이름 모를 새를 기다리며 미풍에 흔들리는 작은 꽃마저도 그리움의 메타포

를 지닌다. 시인은 치자꽃 한송이에서도 '그리움이 하얗게 여울져 간다'라고 표현할 정도로 어느 것 하나라도 그리움의 표상이 아닌 것이 없다.

또한 시인은 기도를 통하여 자신을 승화시키고 비움의 진리를 터득하기 위해 '마음 잡초 뽑아버리고/ 움켜 쥔 세상/ 다 내려놓고 보니'라며 종교적인 삶의 철학을 담아내려는 모습이 곳곳에 보인다.

그의 시편들 속에는 자연과 봄 여름 가을 겨울 사계절의 변화와 어린 시절 기억의 언저리에 새겨져 있는 아름다운 풍광들이 시적 언어를 담아 해맑은 얼굴로 독자들에게 다가가고 있다.

시인은 청순무구한 소녀 시절 시를 동경하며 시를 쓰던 문학 소녀였다. 모디리아니의 그림이 있는 다락방에서 솔베이지 노래를 들으며 시를 쓰고 노래하던 꿈길같은 시절이 있었다. '세월의 무게에 짓눌린 지금도' 그 다락방 풍경은 가슴을 울렁거리게 한다.

이렇듯 오랫동안 시를 쓰고 싶었던 열망이 인생의 만년에 드디어 뜻을 이루었다. 그런 열망을 실타래 풀듯이, 오래 전 들려오던 풍금소리가 들려오듯, 기억 저편의 기억들을 소환하고 있다. 우리는 그의 시를 읽으며 복사꽃이 환한 마을로 예배당 종소리가 들리는 그 시절로 갈매기가 끼룩끼룩 울던 그 바닷가로 시공간을 넘고 있다.

아직도 시인의 식지 않은 시에 대한 열정을 볼 때 사무엘 울만의 시 〈청춘〉은 그의 가슴을 울렁거리게 할 만하다.

문예비전은 창간 시부터 우리 문학의 전통을 잇고 계승하는 문학정신을 지닌 신인 발굴에 힘쓰고 있다. 그동안 한국문단의 원로이시며 국제적으로 널리 알려져 있는 조병화 시인(전, 한국문인협회 이사장, 예술원 회장)께서 직접 시부문 신인상을 심사하셨다. 이승을 떠나신 후로 합동과 개별로 심사위원을 선정하고 있다. 그간 시부문 심사는 박태진, 박이도, 이성부, 이향아, 신광호, 박성철, 임병호, 홍석하 시인이, 시조부문은 이은방, 박시교, 박영교 시조시인 등이 진행하였다.

4・19세대의 우리들, "우리 말로 공부하고 우리 글로 읽고 쓰는" 언어생활을 한 최초의 모국어 세대였고, 김현(문학평론가)의 말대로였다는 것.

김병익 평론가는 한겨레 오피니언 칼럼에서 이렇게 강조하고 있다. 우리 또래는 이렇게 해서 '한글 -민주화-산업화' 의 3종의 과제를 실천한 4・19세대라는 한국현대사에서 가장 화려한 시호를 얻는다. 미완의 학생혁명을 통해 이 세대는 보이지 않는 거대한 심리적 진화도 이루었다. 미래와 세계에 대한 자신감 획득이었다.

평생학습의 장에서 문학의 길을 함께 하게 됨을 환영한다. 귀한 시집에 티가 되지 않을까 걱정하면서 많은 독자가 관심 가져주시길 바란다.

-2023년 정월

지 순 시집

바다가 그리운 날

1판 1쇄 인쇄/ 2023년 1월 20일
1판 1쇄 발행/ 2023년 1월 31일

지은이/ 지순
펴낸이/ 김주안
펴낸곳/ 도서출판 진실한 사람들
주소/ 하남시 미사강변서로 25, 926(미사테스타타워)
Tel/ 031-5175-6210
Fax/ 031-5175-6211
E-mail/ munvi22@hanmail.net
등록번호/ 제300-2003-210호
ISBN/ 978-89-91905-80-1

값13,000원